Justin de Sorendal

CHANTS
DU BIVOUAC

Rimes d'un Soldat

..... quæque ipse misérrima vidi
Et quorum pars ....
(VIRGILE, *Énéide*, liv. II.)

CHARLEVILLE
ÉDOUARD JOLLY, LIBRAIRE-ÉDITEUR

M DCCC XC

CHANTS

DU BIVOUAC

Charleville. — Imprimerie du *Petit Ardennais*, Cours d'Orléans, 36.

Justin de Sorendal

CHANTS DU BIVOUAC

Rimes d'un Soldat

> ..... quæque ipse miserrima vidi
> Et quorum pars.................
>
> (Virgile, *Énéide*, liv. II.)

CHARLEVILLE

Édouard Jolly, Libraire-Éditeur

M DCCC XC

A MES FILS

GEORGES & PAUL

EN LEUR REMÉMORANT
CE GRAND ET BEAU VERS DE VIRGILE, QUI CONVIENT
SI BIEN A NOTRE PATRIE :

Non ignara mali miseris succurrere disco!

(ÉNÉIDE, liv. I.)

Sorendal, 6 Avril 1890.

Dr J. B.

AUX SOLDATS!

I

AUX SOLDATS!

Mes vers ont des refrains que j'ai pris sur vos lèvres,
Ils ont des pleurs aussi, sur les pages semés ;
J'ai souffert de vos maux, j'ai tremblé de vos fièvres !
Prenez mes souvenirs trop longtemps comprimés,

Coulez, échappez-vous, ô mes rimes sanglantes !

Jadis, sous le harnais, j'allais vous écrivant ;

Maintenant, si le glaive a fui mes mains tremblantes,

Je veux être une voix qui répète : En Avant !

En Avant ! c'est le cri de notre vieille France ;

Celui de Fontenoy, de Fleurus, de Lodi !

Et toujours à ce cri nous revint l'espérance

Et le lion blessé derechef a bondi !

Quand nos petits tambours, sur le penchant des côtes,

Réveillant les échos, alertes graviront ;

Vous qui dormez là-bas, ô morts de Gravelottes,

Dans votre froid linceul vos os tressailliront !

Car le clairon prussien hurlant son chant sinistre,

Vous ne l'entendez pas, ô nos amis d'hier !

Vous tous, grands cuirassiers, turcos au teint de bistre,

Chasseurs au pied hardi, canonniers à l'œil fier !

Les sons que vous aimiez, c'était la charge ardente,

La diane au réveil, sur le front des abris,

Les fanfares du soir et la note vibrante

Du Garde à vous ! plaintif, sous les cieux assombris !

Charleville. — 1889.

LA GUERRE!

II

LA GUERRE!

~~~~~

Puisque c'est écrit et que sur la terre
Il faut s'égorger! En avant, marchons!
Faisons sous nos pas voler la poussière,
Et jetons au vent le chant des clairons!

D'aucuns ont chanté l'amour et les belles,
Les beaux soirs d'été, les matins d'avril ;
Laissons ces refrains et ces villanelles,
Pour un chant plus mâle, au rythme viril.

Laissons au repos nos vieilles chimères
De progrès trompeur, lent et continu ;
Vous qui nous disiez : Les hommes sont frères !
Vous nous trompiez tous, le piège est connu !

Saisissons l'épieu, le glaive ou la lance !
Il fait bon marcher au son du tambour,
Sous ton gai soleil, ô ma belle France,
Lorsqu'en tous les cœurs bat le même amour !

En avant ! marchons, à travers les plaines,
Sur les monts fameux, dans les vals étroits ;
Le repos est doux au bord des fontaines
Quand on s'est battu. Défendons nos droits !

Les droits des humains sont choses futiles

Pour les potentats ; nous le verrons bien !

Chargez vos canons, murez vos bastilles ;

Il fait nuit ce soir ! attendons demain !

Strasbourg. — Juillet 1870.

SERRONS NOS RANGS !

III

SERRONS NOS RANGS!

On nous disait : Vous êtes frères,

En route donnez-vous la main !

Plus de combats, plus de colères,

Partout l'horizon est serein !

Et ce croyant, tous de sourire ;

Le poète accorde sa lyre

Et réveille l'écho des bois ;

La chanson s'élance joyeuse

Jusqu'aux monts où grandit l'yeuse,

Tout sous le ciel prend une voix !

Mais un bruit soudain nous réveille ;
Entendez-vous dans les vallons !
C'est le pas sourd des bataillons,
C'est la guerre qui nous appelle !

Adieu, les chants de l'espérance ;
Il faut marcher, vaincre ou mourir !
Le vaisseau qui porte la France,
Dans l'ombre ne doit pas périr.
Allons, sonnez le boute-selle !
Faisons revivre l'étincelle
Des grands jours de la Liberté ;
Et comme en l'an *Quatre-vingt-treize,*
Du sol enflammé comme braise
Jaillira l'immense clarté !

Le vent apporte sur son aile
Un bruit lointain qui retentit ;
C'est le canon, engin maudit,
C'est la guerre qui nous appelle !

Voici l'instant des grandes luttes ;

Immolons sur l'autel de Mars,

Toutes nos haines, nos disputes ;

Rassemblons les faisceaux épars !

Les chants de la gloire passée

Dont notre enfance fut bercée,

Sont toujours fiers et toujours beaux ;

Faisons-les derechef entendre,

Et s'il le faut, pour nous défendre,

Mourons à l'ombre des drapeaux !

Là-bas, le sang coule et ruisselle,

Tous réunis nous marcherons ;

C'est l'ennemi, nous le vaincrons,

C'est la guerre qui nous appelle !

Metz. — Août 1870.

CHANSON

IV

CHANSON

J'ai donné mes épaulettes,
Un soir d'août, près du Rhin,
A deux enfants, deux fillettes
Qui m'avaient serré la main.

Mes pauvres galons de laine !
Je pleurais en vous quittant.
Sur les monts et dans la plaine,
Au son du tambour battant,

Nous avions naguère ensemble,
Sans souci du lendemain,
— Mes amis, que vous en semble ?
Fait un bon bout de chemin !

Nos vingt ans sonnaient la charge,
Et nous marchions d'un bon pas ;
Notre poitrine était large,
Etions-nous donc jamais las ?

Et les gais repas sur l'herbe !
Les chansons, les verts halliers ;
Le clairon portant le verbe
Des chefs, aux gestes altiers !

Oh ! le beau temps de jeunesse,

Où l'espoir gonfle le cœur !

Quand chacun fuit la tristesse

En rêvant d'être vainqueur !

. . . .

. . . .

J'ai donné mes épaulettes,

Un soir d'août, près du Rhin,

A deux enfants, deux fillettes

Qui m'avaient serré la main !

Cologne. — Août 1870.

3 SEPTEMBRE 1870!

V

3 SEPTEMBRE 1870!

F<small>RANCE</small>! ne pleure pas, apaise tes alarmes!
Pour chasser l'étranger, nous serons tous soldats,
Il en est temps encore, allons Français! aux armes!
    France, ne pleure pas!

Nos frères sont tombés comme tombent les braves ;
Ils ont marqué de sang la trace de leurs pas,
Ils ont dit en mourant : Ne soyons pas esclaves,
  France, ne pleure pas !

Rappelle à tes enfants les jours de ton histoire,
Où leurs aînés marchaient sans empereur, ni roi !
C'était, ô mon pays, le beau temps de ta gloire ;
  France, rappelle-toi !

Ils allaient en avant suivis par la victoire ;
Kléber, Hoche, Marceau, les guidaient aux combats.
Ils sont morts en héros et fière est leur mémoire,
  Ne les oublions pas !

Alors comme aujourd'hui, les tyrans sur leurs trônes,
Se liguaient contre nous dans un suprême effort ;
La sainte Liberté fit pâlir leurs couronnes
  Aux jours de Messidor !

Et si la Liberté sauva notre patrie ;

Si nous aimons toujours ses chants et son drapeau.

Ecoutez-la, Français, c'est elle qui vous prie

    Au bord de son tombeau !

« Ralliez-vous, amis, sous ma sainte bannière ;

« Comme aux jours de l'*An-Deux*, je guiderai vos pas,

« Et mes fils d'autrefois, couchés dans la poussière,

    « Se rediront tout bas ! »

« Les enfants d'aujourd'hui sont fils de la Patrie ;

« Ils sont dignes de nous et de leur fier drapeau !

« Mourir en combattant, comme nous leur voix crie :

    « C'est le sort le plus beau ! »

Lazareth d'Osnabrück. — 3 septembre 1870.

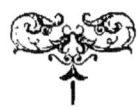

CAUCHEMAR!

VI

CAUCHEMAR!

L'autre nuit dans les batailles
Je me retrouvais soudain!
J'apercevais des murailles,
Des créneaux, dans le lointain!

Oh! que les cieux étaient sombres!
A la lueur des éclairs,
Les corbeaux, comme des ombres,
Faisaient des ronds dans les airs.

Le canon, comme une bête

Fauve en courroux, rugissait ;

Au milieu de la tempête,

Un grand frisson me glaçait !

C'est le vent de la mitraille

Qui courbe tous ces épis :

Soldats ! vivante muraille !

Il couche sur le tapis

De mousse et de fleurs écloses,

Le matin au gai soleil,

Tous ceux qui, paupières closes,

N'auront jamais de réveil !

En avant ! la charge sonne !

Les cris se mêlent aux cris ;

Le sang coule et le ciel tonne,

On s'élance hors des abris !

Hurrah ! sus ! le capitaine
Guide l'assaut en courant ;
Nous dépassons la fontaine
Dont l'eau se rougit de sang !

Et là-bas, le grand mur sombre
Vomit la mort et le feu !
Oh ! qui comptera le nombre
De ceux tombés en ce lieu !

On s'élance ! à l'escalade !...
C'est le moment redouté ;
Le clairon sonne l'aubade
Et son refrain si vanté.

Le fossé, profond naguère,
Plein de corps jusqu'aux talus !...
Pour le franchir... c'est la guerre !
Nous passons tous par dessus !

O terreur ! sombre épouvante !
Le sol ne frémit-il pas ?...
Je sens la terre mouvante
Qui s'entr'ouvre sous nos pas !...

Lors, un bruit de l'autre monde,
Un grand fracas retentit !...
....
De sueur mon corps s'inonde,
J'étais tremblant dans mon lit.

Hanovre. — 1870.

APRÈS LA BATAILLE !

VII

APRÈS LA BATAILLE!

~~~~

Il fait nuit! maintenant, c'est le profond silence!

Après les grands éclats de la voix du canon,

Le spectre de la mort traitreusement s'avance,

Plane sur les guérets. Il faut mourir! Oh non!

Il est si doux de vivre et la jeune espérance,

Eclairant le chemin de ses regards de feu,

A tous ces fiers héros, dit-elle son adieu?

Ils sont là sur le sol, ô fleurs de la jeunesse,

Rejetons, nés d'hier et déjà moissonnés ;

Avril à son matin sourit à leur ivresse,

Et le soir les retrouve à terre prosternés !

De ce sombre tableau qui dira la tristesse ;

Qui montrera le meurtre au carnage accouplé ;

Certains sont morts d'effroi, pour l'avoir contemplé !

Et là-haut, dans le ciel, la lune calme et pure,

Dans son chemin d'azur lentement gravitait ;

Les astres, semis d'or, rehaussaient sa parure,

Et dans l'herbe, ici-bas, le noir grillon chantait.

Et rien n'était changé dans la grande nature ;

Instruisez-vous, mortels, c'est la leçon de Dieu.

Cette nuit, ce silence en ce sinistre lieu !

Ecoutez ? c'est le vent ou du ruisseau la plainte

Qui murmure tout bas dans le fond du vallon.

Mais non, entendez-vous ? c'est une voix éteinte,

Un blessé qui gémit couché dans un sillon !

Il râle!... et tout à coup la sinistre complainte
Du clairon retentit, appelant les perdus!...
Ceux qui meurent, hélas! à qui sont-ils rendus?

Ah! ne me parlez plus batailles, épopée;
J'ai vu de fiers enfants, au moment de mourir,
Dans leurs convulsions soulever une épée
Et la brandir au ciel à leur dernier soupir!...
Je les revois toujours, leur main de sang trempée
Retombait lourdement. Oui je l'entends encor
Ce râle qui s'éteint en un suprême effort!

Dieu juste! assez longtemps on t'a pris pour complice;
Ton sang a-t-il coulé pour laver ce forfait,
O Christ? et quand cloué sur le bois du supplice
Lentement pour bénir ta tête s'inclinait,
Avais-tu donc des rois pu sonder la malice?
Oui, tu la connaissais, Dieu bon, juste et clément!
Toujours un si grand crime aura son châtiment.

Je ne blasphème pas, aussi bien l'heure sonne,

Où tout ce vieux passé craque comme un cercueil

Dont les ais sont pourris ! Et le penseur s'étonne,
Car plongeant ses regards au-delà de l'écueil,
Sur cette mer houleuse où la vague résonne,

Il entrevoit au loin surgir à l'horizon,

Dans le sombre avenir, l'immortelle Raison !

Minden. —1871.

LA MORT DU PRISONNIER !

VIII

LA MORT DU PRISONNIER!

U<small>N</small> grand trou noir en pleine terre
Attendait béant un cercueil,
Et tristes nous suivions le deuil
D'un jeune prisonnier de guerre!

Le vent du Nord ployait les branches,
La neige tombait doucement,
Et la tempête en mugissant
Allait roulant ses avalanches !

Le long du rempart au mur sombre,
Nous marchions en réglant nos pas ;
Tout en nous redisant tout bas
De ses ans écoulés le nombre !...

— Pauvre exilé, plein d'espérance,
Nous allons te laisser tout seul ! —
Le manteau blanc fut son linceul,
Il dort là-bas, loin de la France !

Il est tombé, l'âme meurtrie,
Loin des parents, loin des amis ;
Les corbeaux noirs jetaient leurs cris,
Et nous pensions à la Patrie !

Ah ! qui l'aurait prédit naguère !

Que sous des cieux noirs, incléments,

Nous laisserions bien des enfants

Couchés tout froids dans la poussière !

Et l'adieu sombre de la poudre

Retentit sous les cieux vengeurs !

Puis nous revînmes tout songeurs...

Tremblants, comme d'un coup de foudre !

Magdebourg. — 1871.

ANNIVERSAIRE !

IX

ANNIVERSAIRE

~~~~~

Jours de deuil! l'ennemi foulait le territoire!
Dans Reischoffen sanglant on a vu la victoire
Farouche décider pour les gros bataillons.
Ceux qui restaient autour des drapeaux en haillons,
Revenaient l'œil fiévreux, plaintifs, baissant la tête!
Ils auraient préféré sombrer dans la tempête;
Mais pourquoi le Destin ne le permit-il pas?
Ces braves qu'on a vus affronter le trépas
La rage au cœur; ô honte, un lâche les enchaîne;
Il les prend tout meurtris, au bourreau qui les traine,

Les livre, deux par deux, sans pitié ni merci !

Oh ! ces fiers combattants, quoi, les traiter ainsi !

Ces enfants, ces héros, espoir de la Patrie,

Que la France a bercés avec idolâtrie,

En qui chaque foyer avait mis son espoir !

Le sinistre tableau ! Comment donc à le voir

Ne tremblâtes-vous pas, ô race de vipères,

Fantômes nés d'hier, qui reniant nos pères,

N'avez pas su combattre et n'avez su mourir !

— Corbeaux vils, croassez — le moment va venir

Où le lourd châtiment s'abat impitoyable !

Et la postérité toujours inexorable,

Vous marquera le front du signe de Judas !

....

Licteur, tiens prêt ton glaive et raffermis ton bras !

Lyon. — 1871.

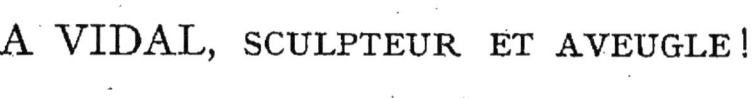

X

A VIDAL, sculpteur et aveugle!

Tu luttes bravement, champion de l'idée,
Tu marches, tu combats, vaillant soldat de l'art!
N'ayant d'autre souci que d'ébaucher sans fard,
Les rêves dont toujours ton âme est obsédée!

Plus meurtri mille fois que l'athlète antique;
Tu saisis, corps à corps, les fauves; sous ta main
Tu les domptes vainqueur, et l'on voit dans l'airain,
Se dresser la panthère et le lion nubique!

Qu'importe, si la foule, hélas ! souvent aveugle,

Ne comprend qu'à demi ton œuvre de géant !

N'avons-nous pas frémi nous tous, en regardant

Ton grand cerf qui se meurt et ton taureau qui beugle.

Marche et va de l'avant ; il faut narguer l'envie,

O lutteur obstiné ! tu n'as d'autre soleil,

Dans ta nuit de toujours, au noir mineur pareil,

Que la fièvre de l'art pour réchauffer ta vie !

Va ! le présent est triste et l'avenir est sombre !

Et nous qui pouvons suivre un nuage au ciel bleu,

Nous envions parfois, quand le ciel est en feu

Le calme de ta nuit, le repos de ton ombre !

Paris. — 1872.

FRAGMENT

XI

FRAGMENT

O pays des aïeux et des grands capitaines !
Quand César triomphant ensemençait tes plaines,
De Gaulois chevelus et d'Arvernes géants !
C'était une semence à nulle autre pareille,
Les tumulis épars où leur force sommeille
    S'ouvrent parfois béants !...

. . . .

. . . .

Les peuples, tour à tour, s'élèvent pour descendre,

L'histoire est une crypte, où gisent dans la cendre,

Les ossements épars des nations, des rois !

Et quand, nous inclinant sur ces ruines funèbres,

Nous cherchons de la nuit à percer les ténèbres,

  Du noir tombeau sort une voix !

Cette voix du passé, souvent inexorable,

C'est le mot de Tacite ou le vers de la Fable,

Retraçant le forfait et la grande vertu ;

Et tout ce qui s'est fait jadis parmi les hommes.

Tout ce qu'ils ont été, maintenant nous le sommes !

  La voix dit au Siècle : « Où vas-tu ?

« Eh quoi ! toujours du sang, toujours des hécatombes,

« N'avez-vous pas, hélas ! assez creusé de tombes?

FRAGMENT

« Le soleil qui là-haut plane sur vos guérets,

« En semant l'abondance au repos vous convie

« Et vous semez la mort et méprisez la vie,

   « Changeant les moissons en cyprès ! »

....

....

Dijon. — 1873.

EN MARCHE!

XII

EN MARCHE!

~~~~~

Le clairon jette au vent sa joyeuse fanfare,
Debout! c'est le signal; là-bas sur les côteaux
L'Orient empourpré s'allume comme un phare,
Au vent frais du matin frissonnent les drapeaux!
Vive le jour! adieu la nuit qui nous effare.
Car vraiment rien n'est beau sous les feux du soleil
Comme un camp de soldats, à l'instant du réveil!

Dans les bivacs éteints, plus de vive étincelle ;
En avant! en avant! le moment est venu.
Répété par l'écho déjà le boute-selle
A sonné par trois fois le refrain bien connu.
— Avant de la quitter, qu'on embrasse sa belle. —
Tous sont joyeux ; hussards, dragons et cuirassiers
S'ébranlent, précédés par les rouges lanciers.

Ils vont en longs rubans sur le flanc des collines,
Traversant les forêts, les prés verts, les hameaux.
On les voit serpenter tout le long des ravines,
S'effacer un moment, puis renaître plus beaux ;
Les cœurs à l'unisson battent dans les poitrines.
Et nous allions ainsi du matin jusqu'au soir,
Le cœur épanoui, l'œil tout brillant d'espoir !

Rendez-moi mon cheval et ma place de guide,
Mes vingt ans, mon audace et mes rêves dorés.
Le cœur est tout gonflé si l'escarcelle est vide ;
Sous chacun de nos pas des bonheurs ignorés

Surgissent ! Revenez, ô ma jeunesse avide,

Charmes des jours passés, délices du sommeil,

Enthousiasme ardent qui vous prend au réveil !

Rendez-moi mon cheval et ma jeunesse folle,

La diane au matin égrenant ses rubis !

Eh quoi ! c'était hier, comme le temps s'envole ;

Ne reverrai-je plus sous mes yeux éblouis,

Les tableaux d'autrefois dans la même auréole.

Car vraiment rien n'est beau sous les feux du soleil

Comme un camp de soldats, à l'instant du réveil !

Besançon. — 1878.

CHANT DE L'ÉPÉE!

XIII

CHANT DE L'ÉPÉE !

L'épée est sainte, elle est l'épouse
Du combattant vaillant et fier ;
Elle est sa compagne jalouse
Et son amour toujours plus cher !

Hurrah ! c'est le chant de l'épée
Encor vierge de sang humain !
Elle est bonne et fine trempée
Et son baptême est pour demain !

Quand il chevauche dans la plaine,
L'oreille au vent et l'œil au guet ;
S'il l'entend bondir dans sa gaîne,
Son cœur bat sous le corselet !

Hurrah ! l'amour du capitaine
Te prépare un noble festin,
Toi qu'il adore en souveraine
Toi qui frissonnes dans sa main !

L'épée en cadence résonne,
Marquant le pas du fier coursier ;
Mais le canon dans le ciel tonne,
Vive l'éclair de son acier !

Hurrah ! c'est un jour de bataille !
On s'est levé tôt ce matin ;
Et le vent noir de la mitraille
Se déchaîne sur le chemin !

Allons! frappe et reluis sanglante,
Relève-toi pour retomber!
A la fin de la lutte ardente,
Il fera bon se reposer!

Hurrah! qu'elle est belle de rage!
Elle bondit et frappe encor;
Et l'on sent doubler son courage,
En la voyant prendre l'essor!

C'est fini! nous avons naguère
Traversé le fer et le feu!
En attendant le cri de guerre,
Reluis pour moi sous le ciel bleu!

Belfort. — 1880.

REMEMBER?

XIV

REMEMBER?

Hélas! c'était hier, sur les monts, dans la plaine.
  Les noirs drapeaux flottaient au vent!
Comme un torrent fangeux, débordé se déchaîne,
  L'ennemi marchait en avant!

Place au *Fléau de Dieu* qui passe et qui ravage
  Plus de trêve, plus de repos!
Le nouvel Attila, grand semeur du carnage,
  A pour devise ces trois mots!

C'est Paris bombardé, Châteaudun qui s'allume,
  Au vent du soir comme un flambeau !
Ce sont les cris de mort, dans la nuit, dans la brume
  Et tous les râles du tombeau !

Là-bas, Strasbourg, debout, héroïque, agonise,
  Sous les coups des bombes tonnant !
Plus de refrains joyeux, ô nouvelle Venise,
  Kléber est triste maintenant !

Et toi, Metz, qui jamais n'avais connu de maître,
  Tu languis et pleures toujours !
Oh ! nous te reverrons un jour, bientôt peut-être,
  Toi la vierge de nos amours !

Oui, nous vous vengerons, nos saintes délaissées,
  Nous vous ferons un beau réveil !
Et nous vous donnerons pour vos larmes versées,
  Des flots de sang jeune et vermeil !

Qui donc nous avait dit : que la guerre est impie !
   Mais pour revenir au foyer ;
Quand le moment viendra, nous y perdrons la vie
   Ou nous chasserons l'étranger !

Jusques-là, plus de trêve et partant plus de larmes,
   Assez pleuré, trop tard gémi !
Après les jours sanglants et les sombres alarmes,
   Il faut veiller à l'ennemi !

Et nous nous souviendrons de votre cri de guerre,
   Germains du Nord, à l'œil blafard !
Jusqu'au jour où la paix régnera sur la terre ;
   Si ce moment vient, tôt ou tard !...

Nancy. — 1887.

FIN

TABLE

	PAGES
Aux Soldats	9
La Guerre	15
Serrons nos rangs	21
Chanson	27
3 Septembre 1870	33
Cauchemar	39
Après la Bataille	45
La Mort du Prisonnier	51
Anniversaire	57
A Vidal, sculpteur et aveugle	61
Fragment	65
En Marche	71
Chant de l'Épée	77
Remember	83

Charleville. — Imprimerie du *Petit Ardennais*, Cours d'Orléans, 36.

www.ingramcontent.com/pod-product-compliance
Lightning Source LLC
LaVergne TN
LVHW050558090426
835512LV00008B/1229